AF341259

Atlas

du Voyage en Islande,

fait

Par ordre de S. M. Danoise.

A PARIS,

A la Librairie écouomique, rue de la Harpe, N°. 117.

A PARIS ET A STRASBOURG,

Chez les frères LEVRAULT, Libraires.

(1802.)

A Versailles, de l'Imprimerie de JACOB.

AVIS AU RELIEUR.

La Carte doit être en tête de l'Atlas.

La planche représentant une Paysanne islandaise, cotée *planche II*, est la quatrième.

Celle représentant le *Hrafn - Ond* et le *Topp - Ond*, cotée *XLVI*, est la quarante - deuxième.

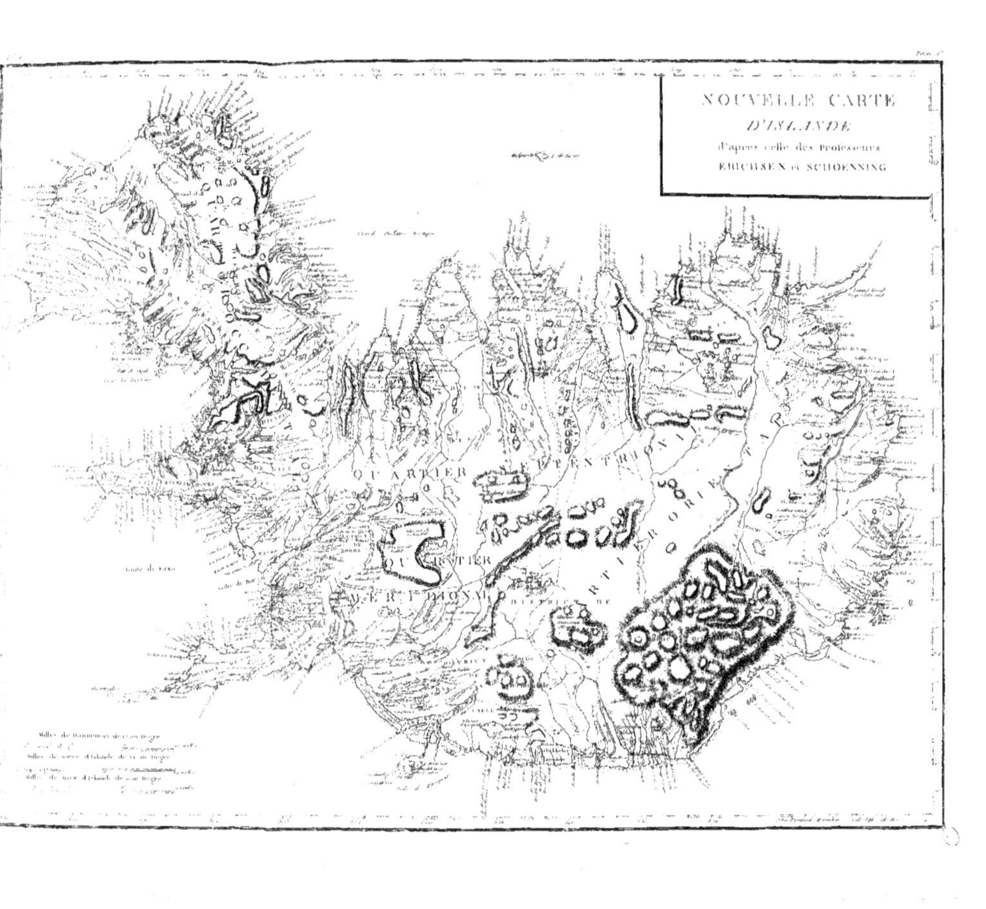

NOUVELLE CARTE
D'ISLANDE
d'après celle des Professeurs
ERICHSEN et SCHOENNING

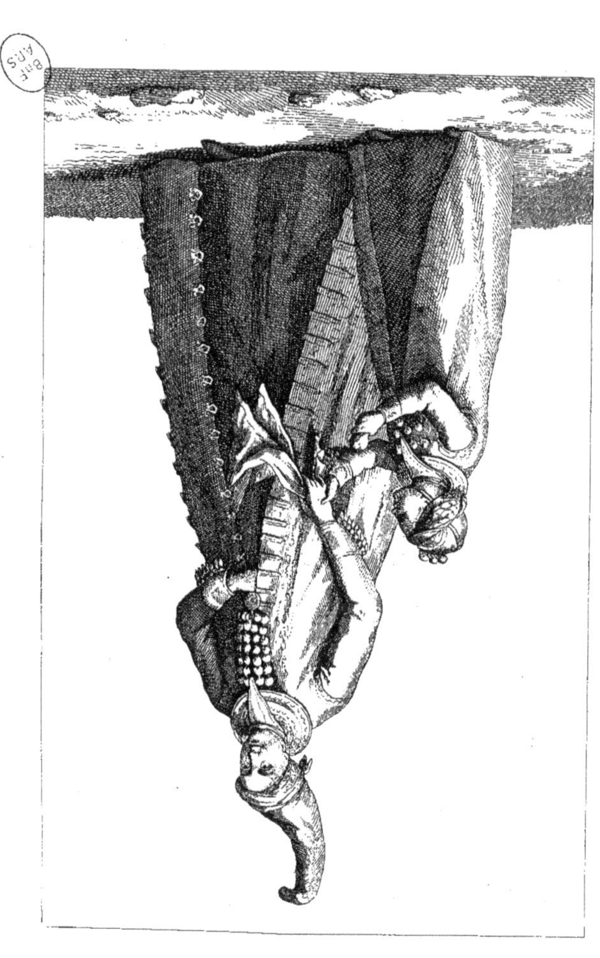

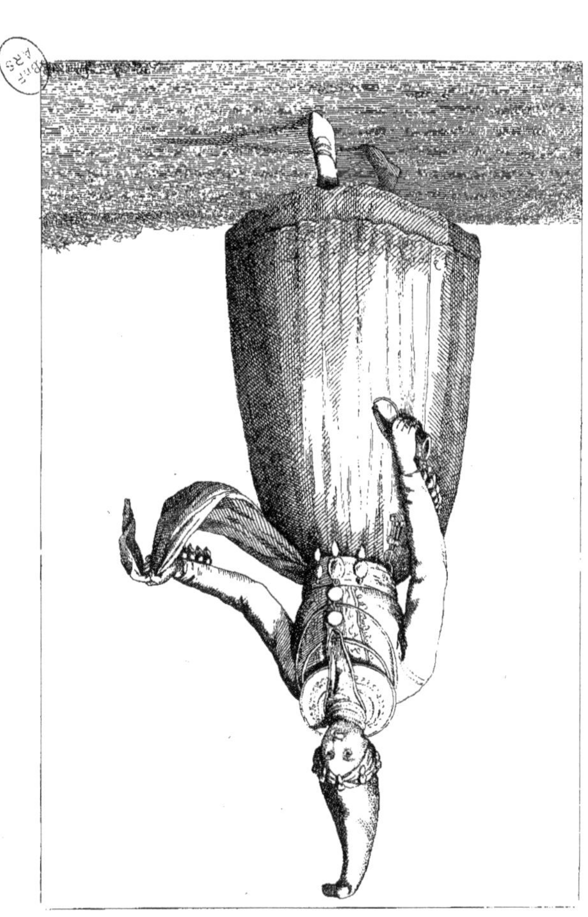

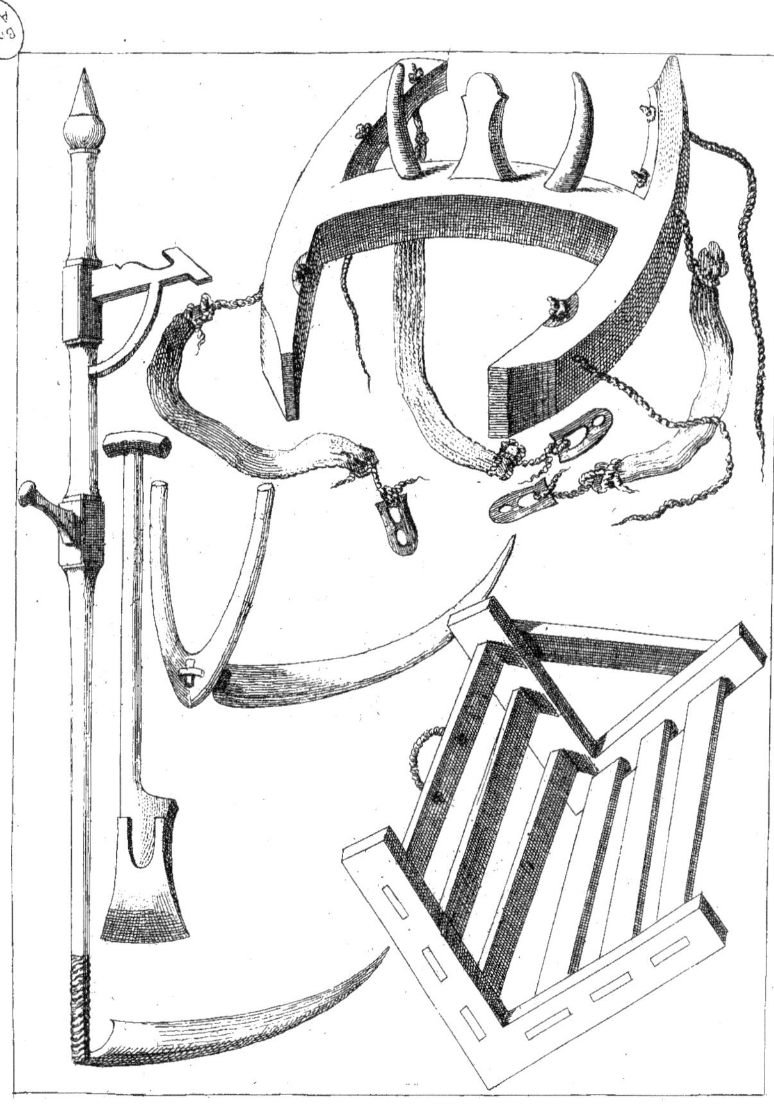

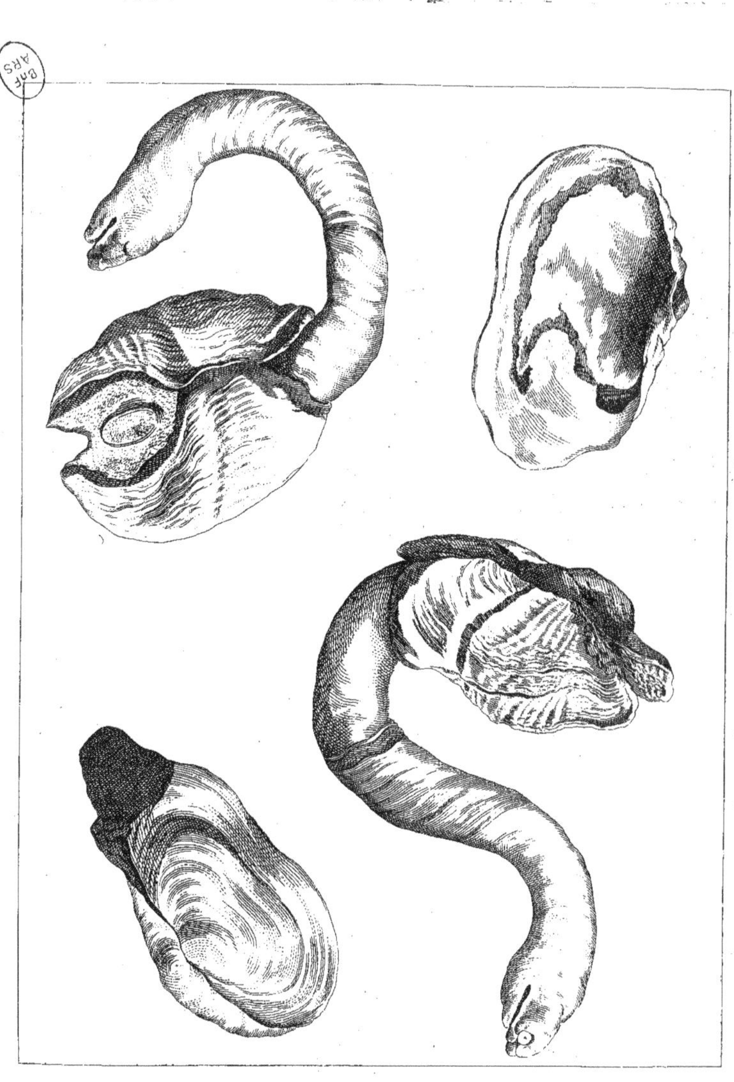

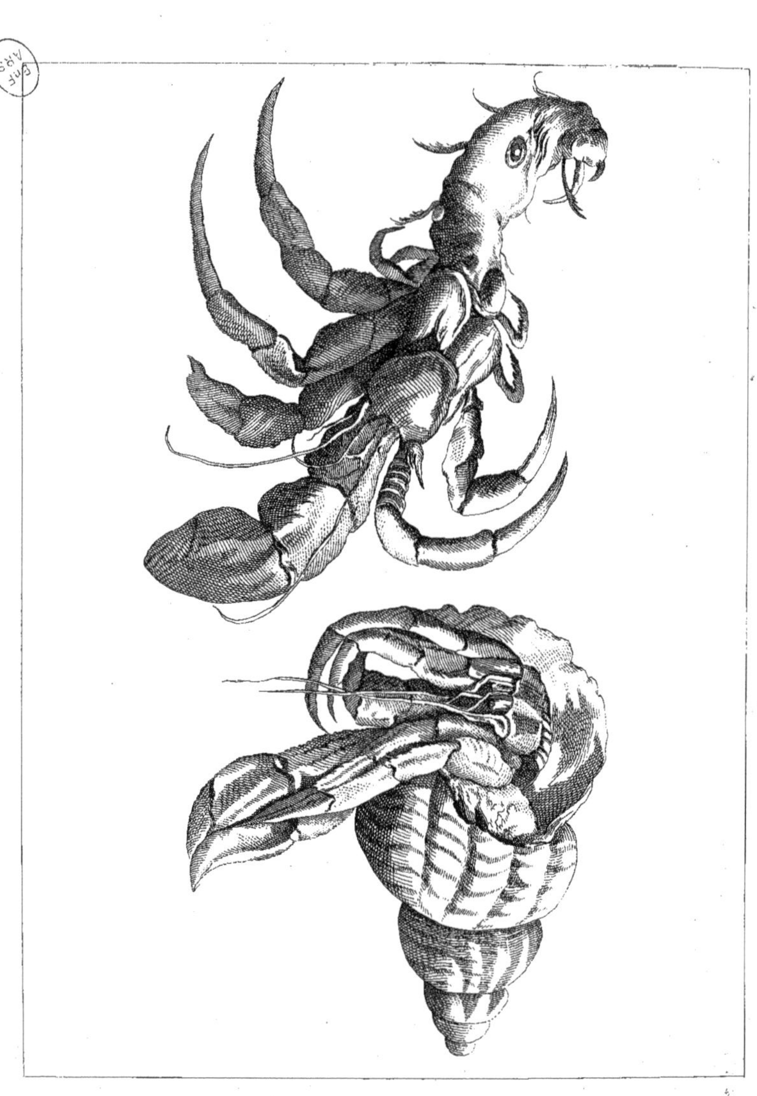

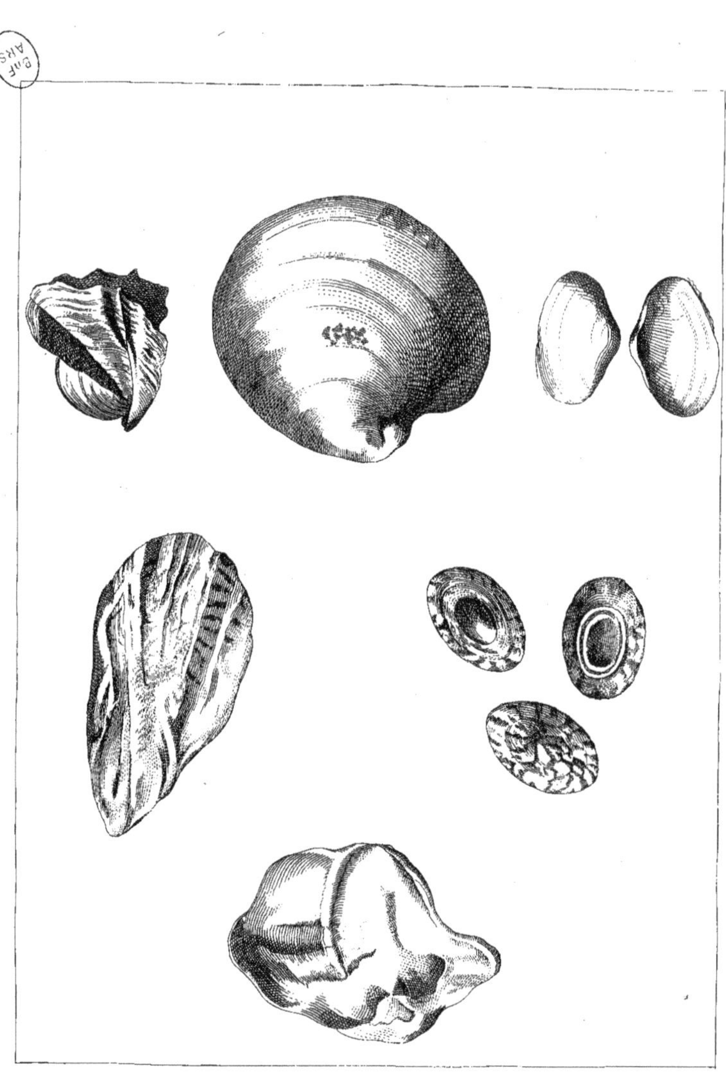

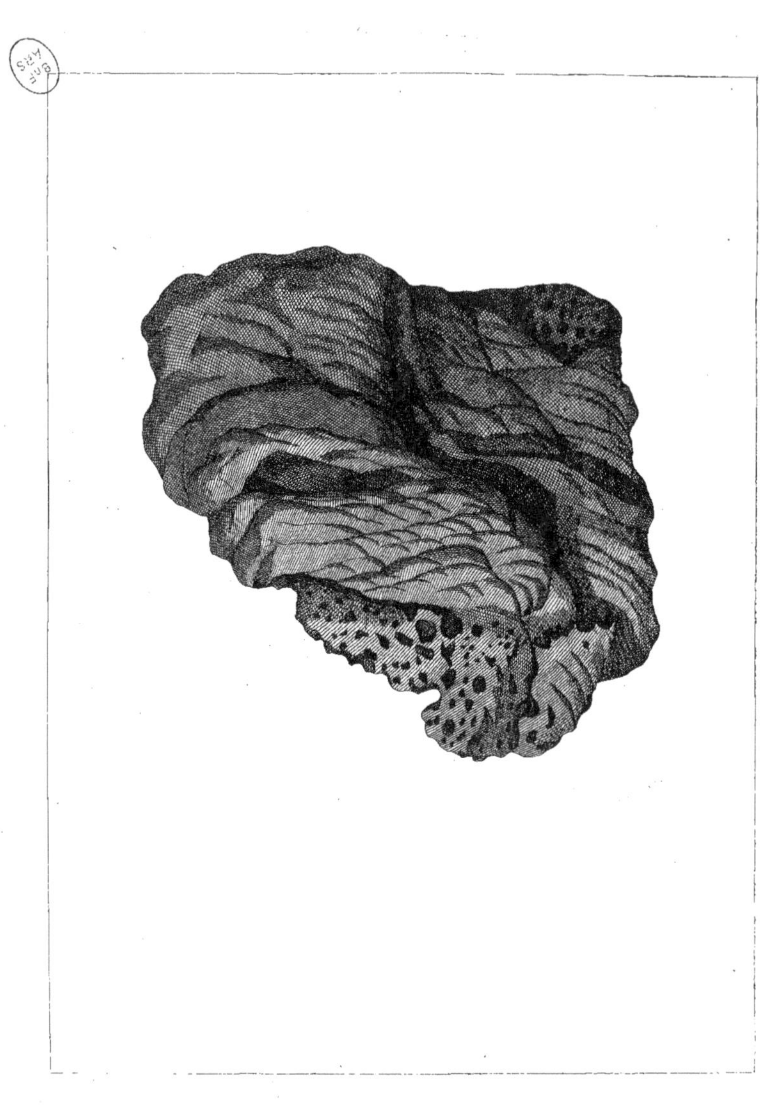

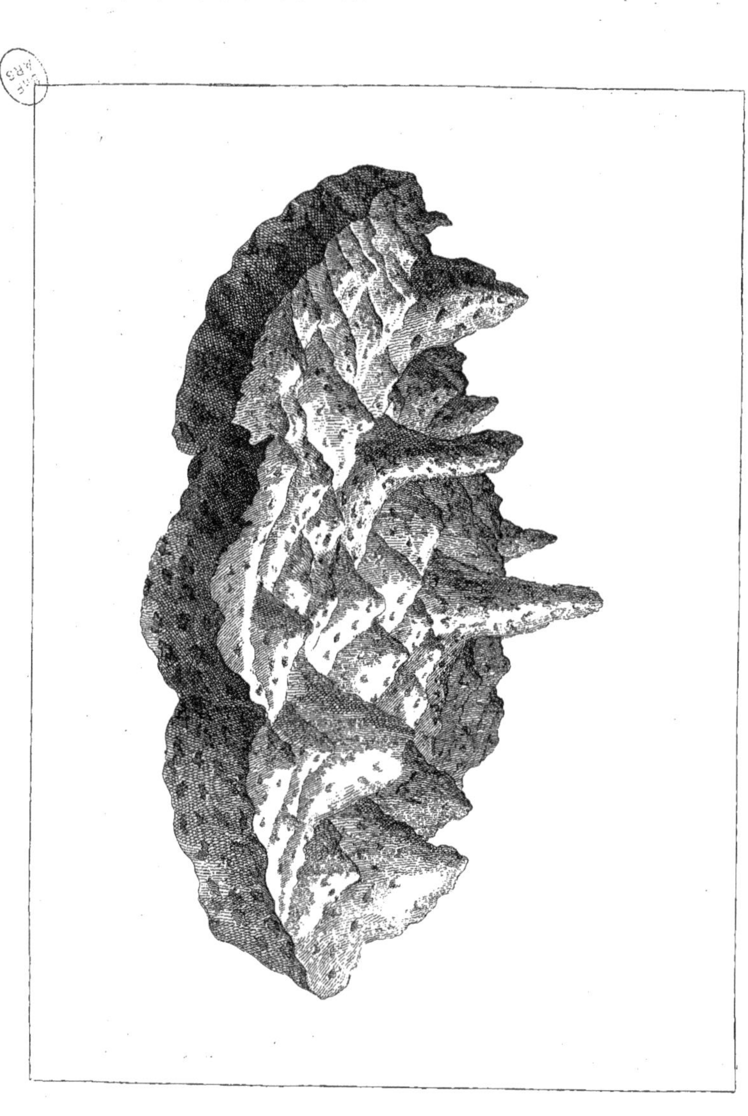

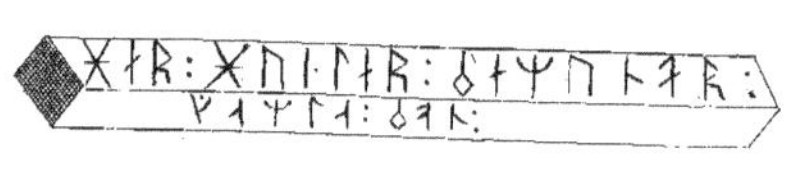

WART isn FRIDo gen°   WARTDER.

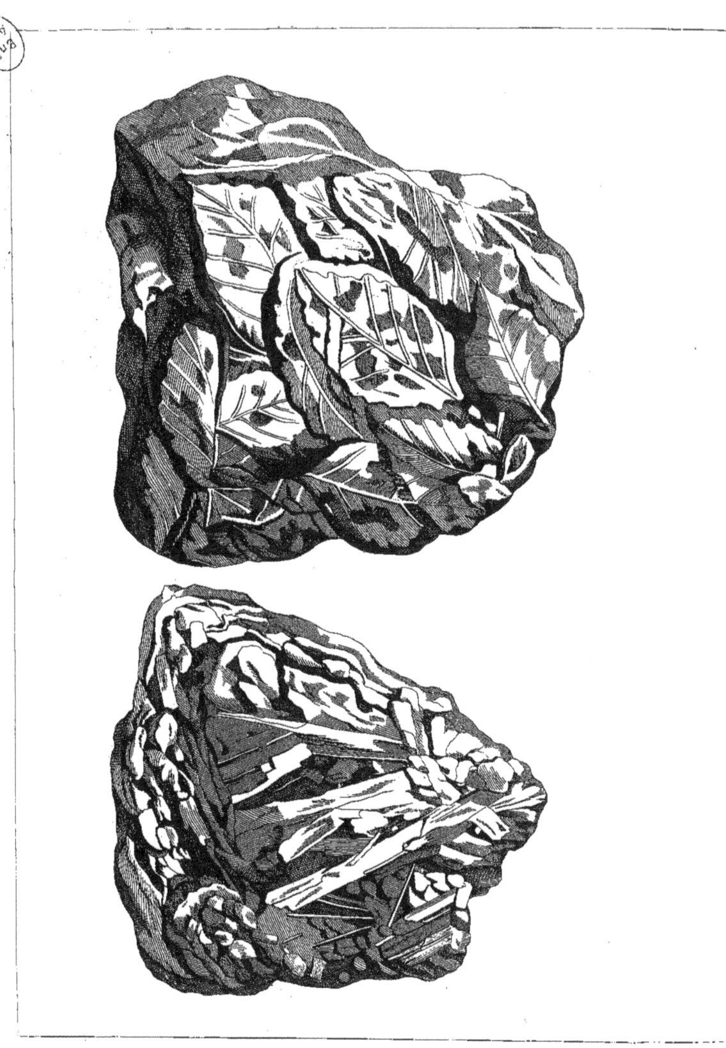

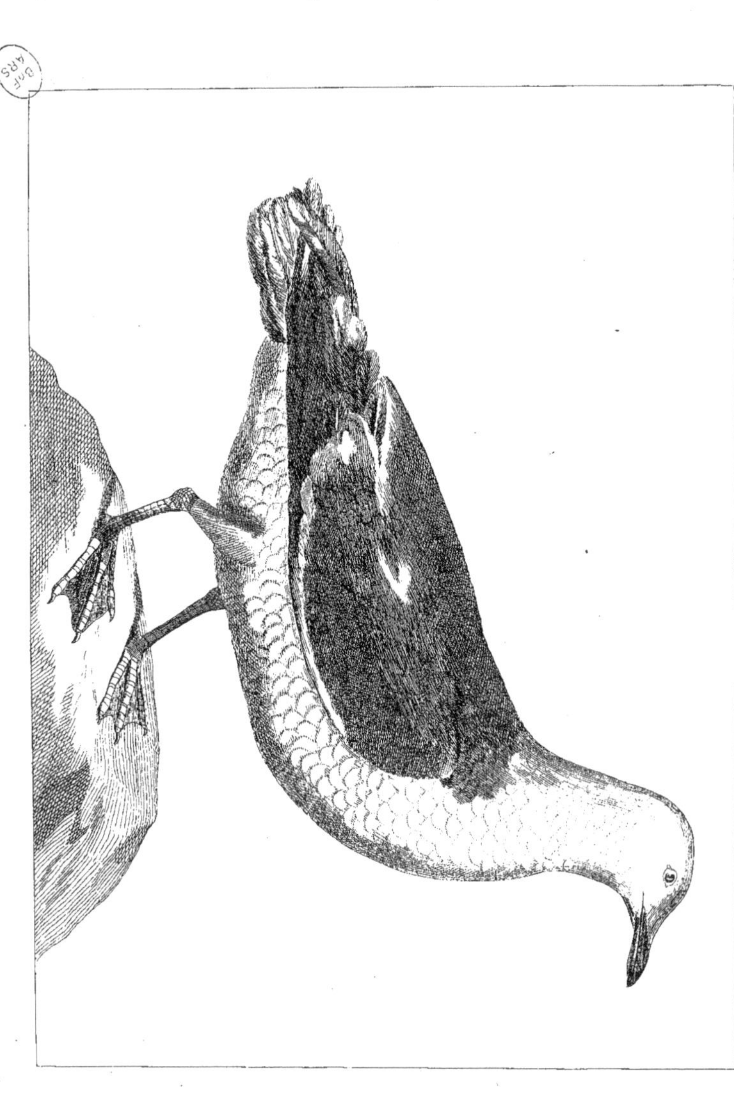

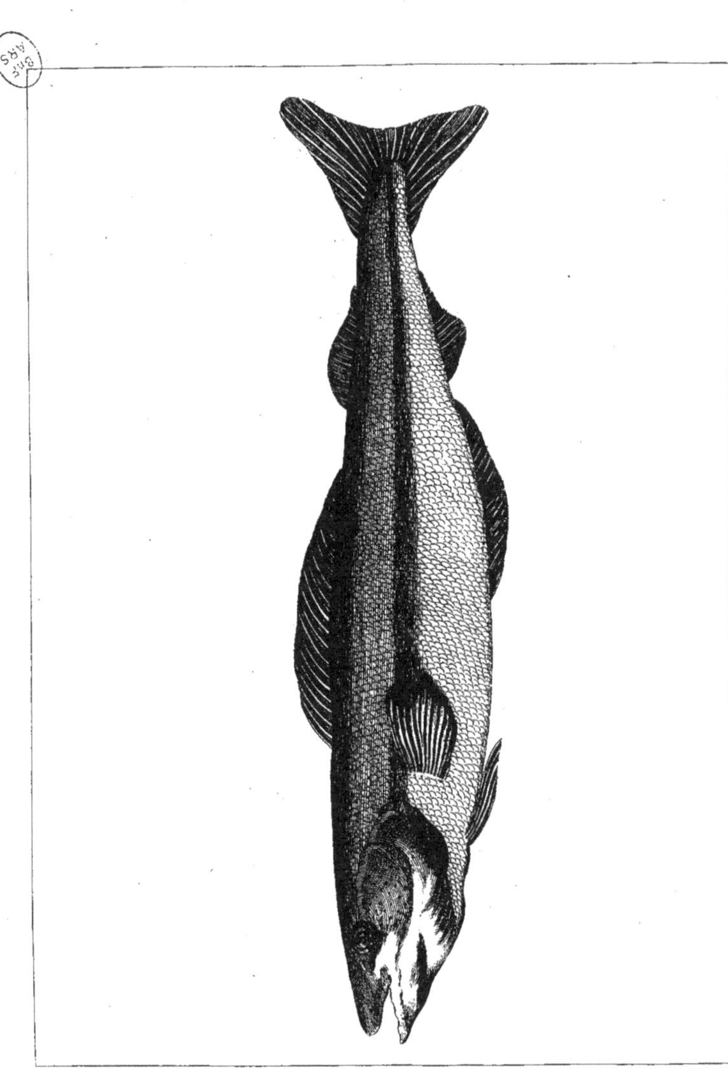

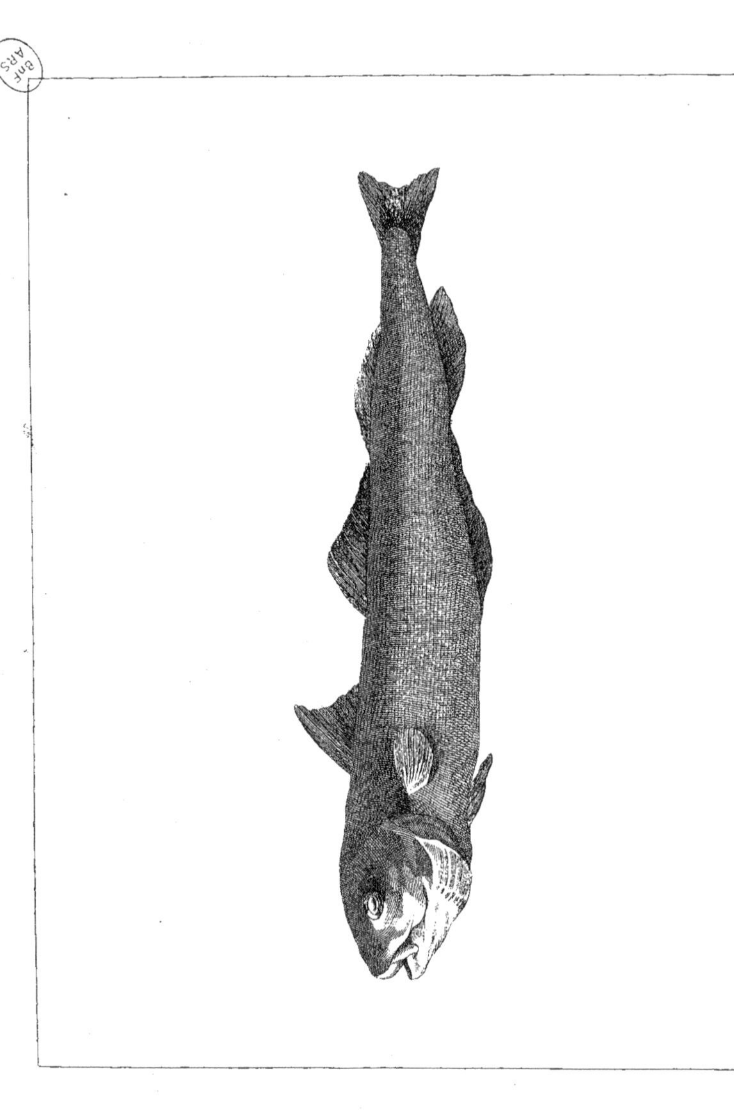

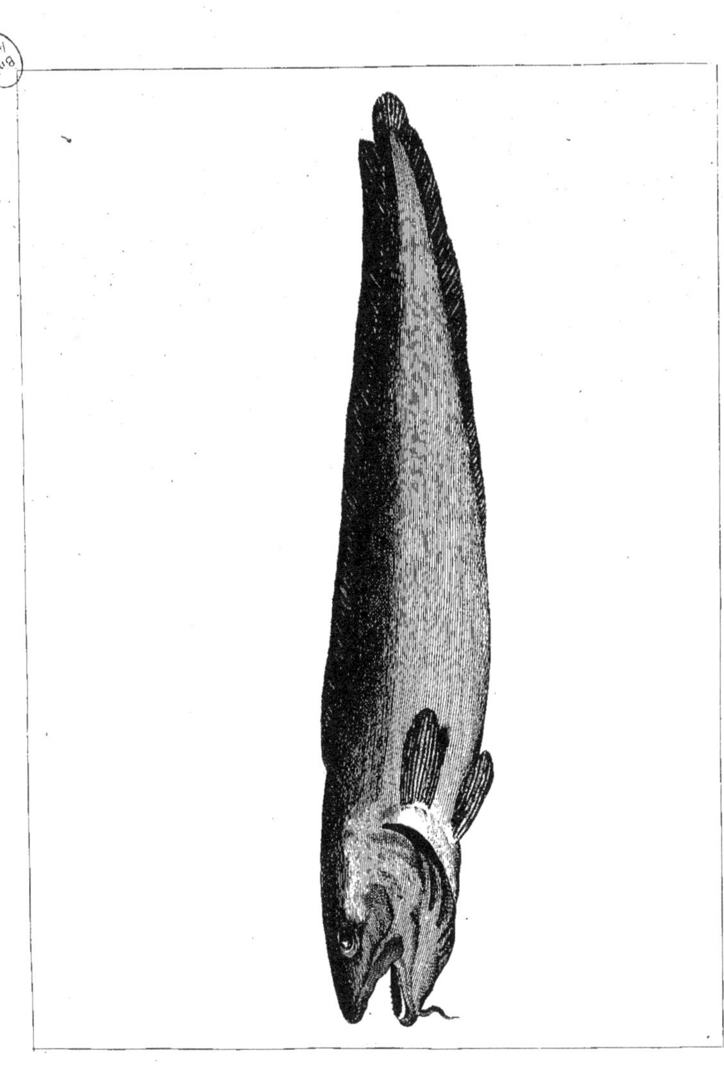

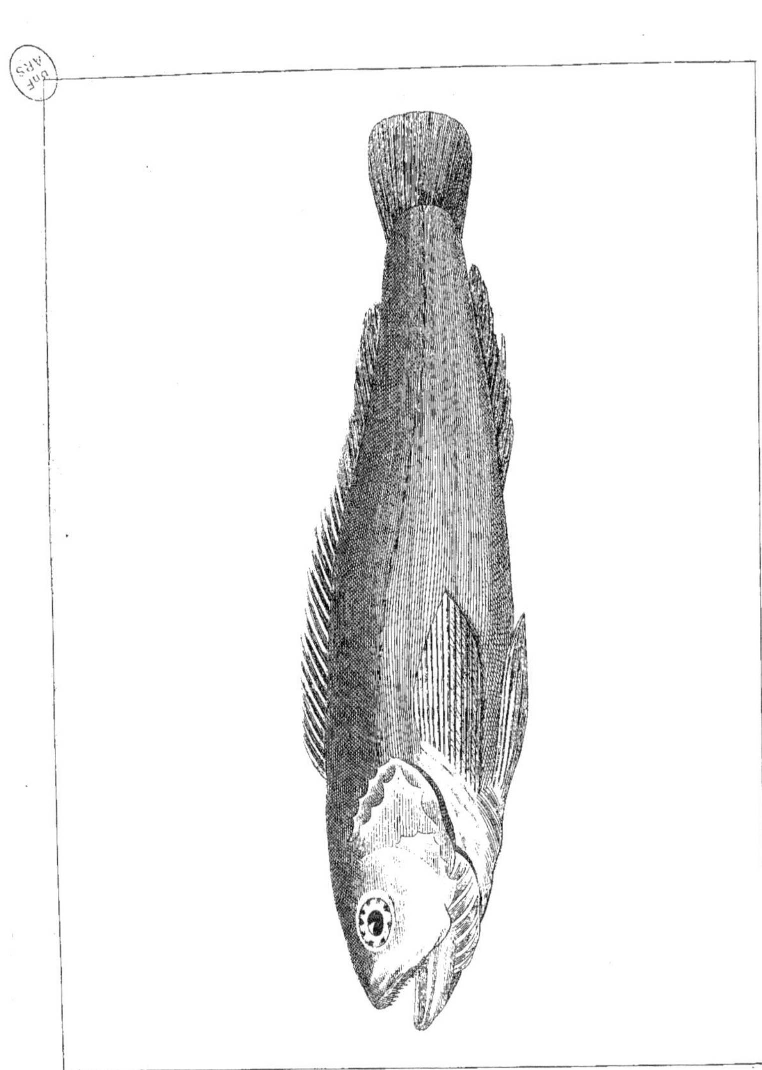

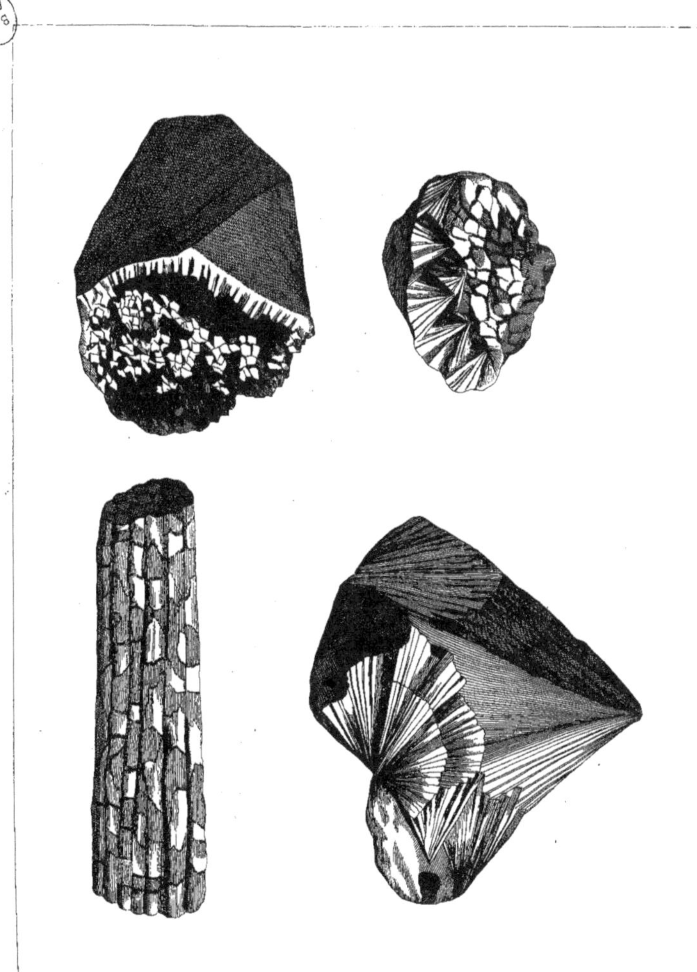

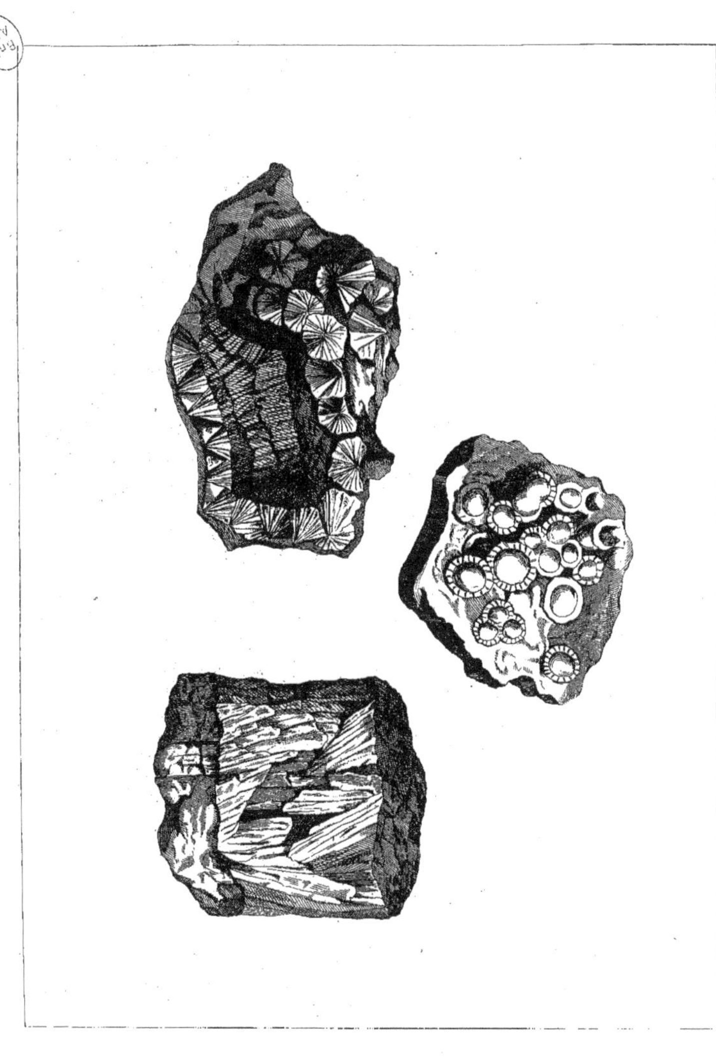

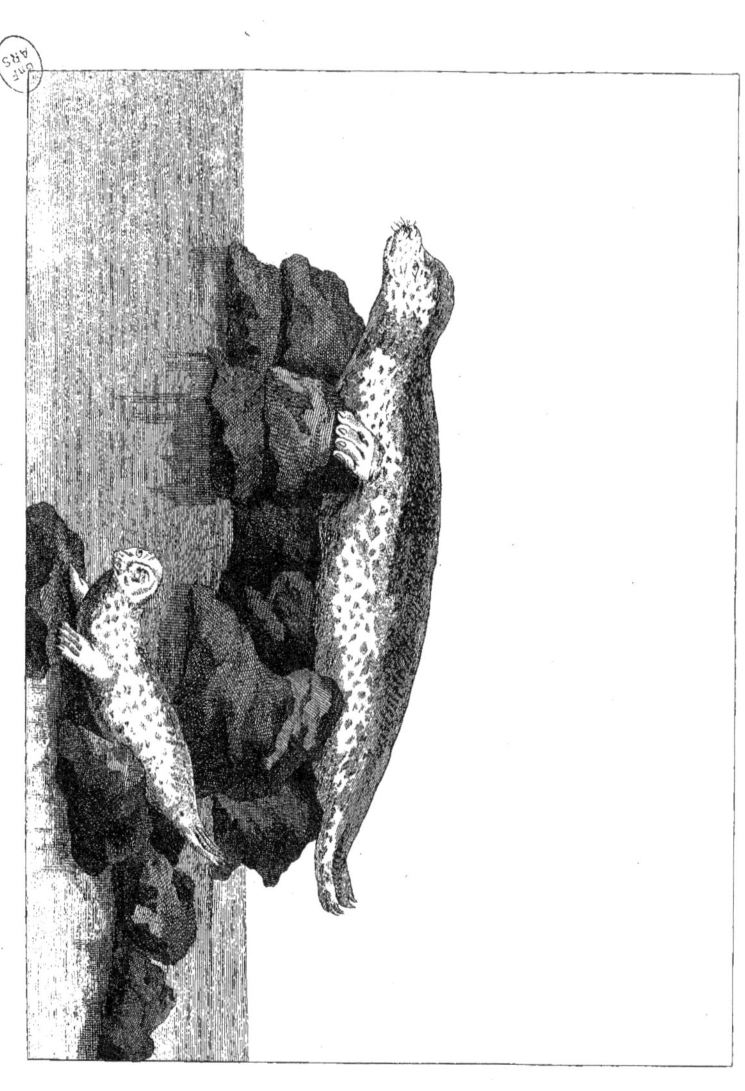

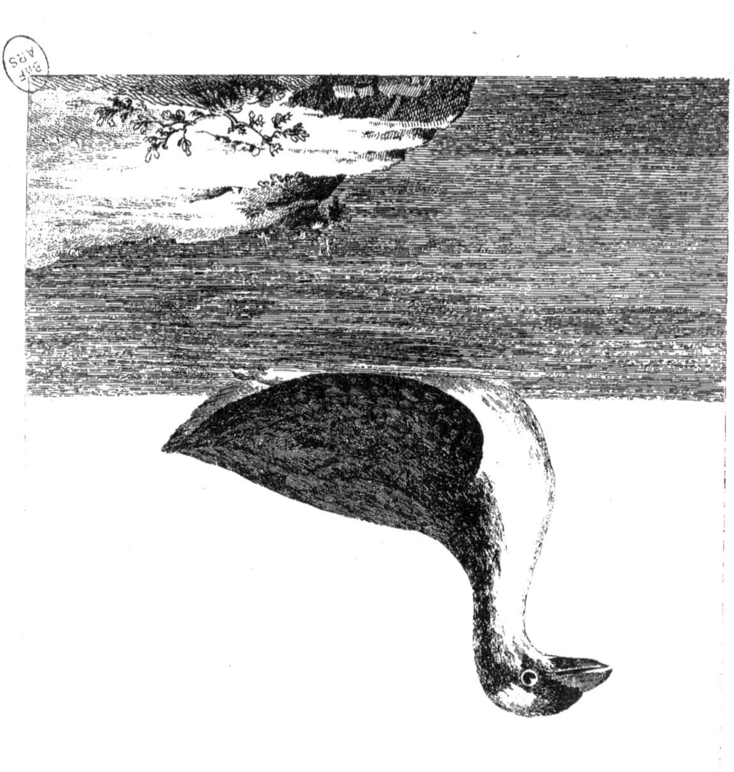

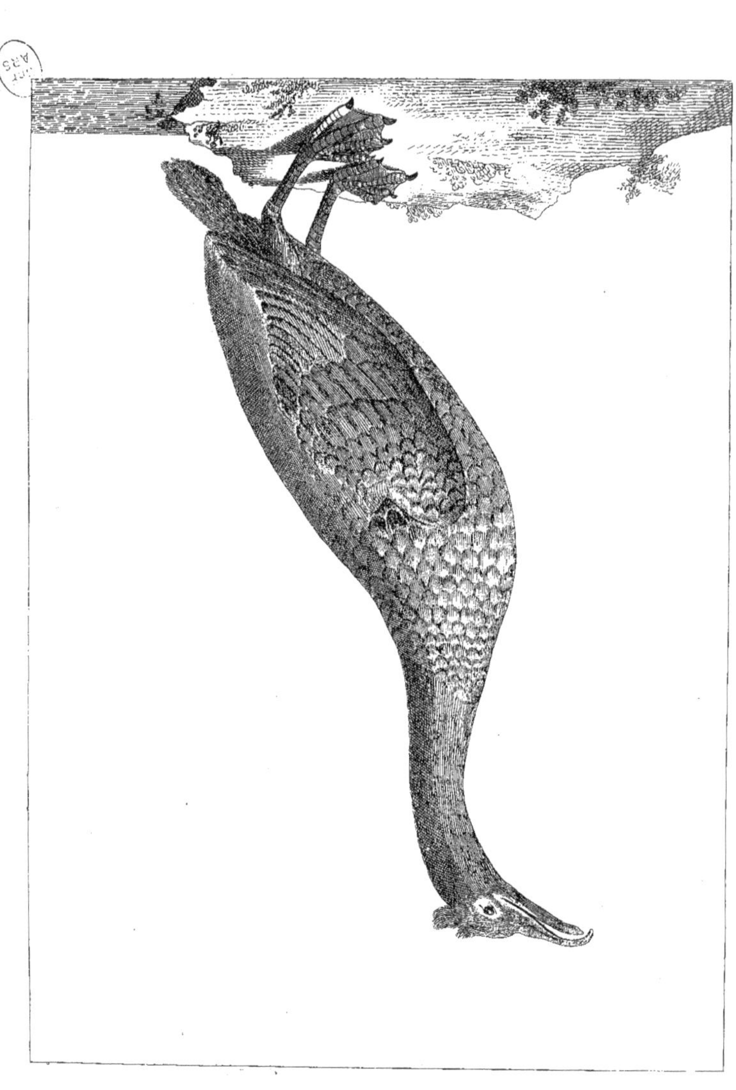

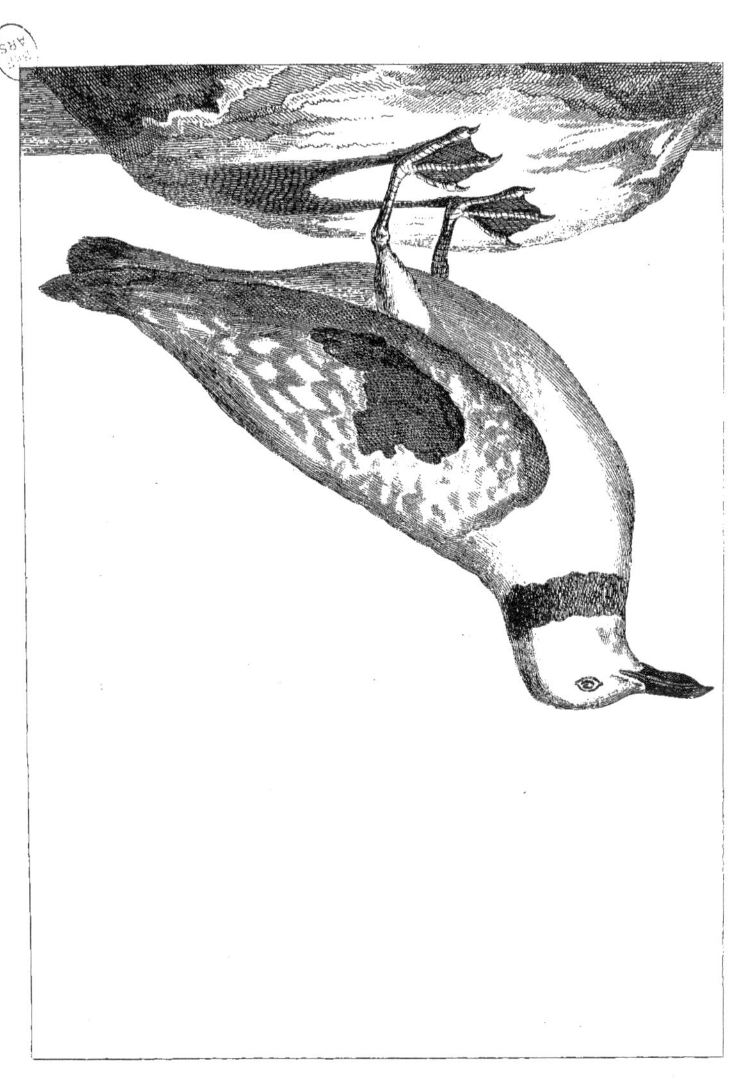

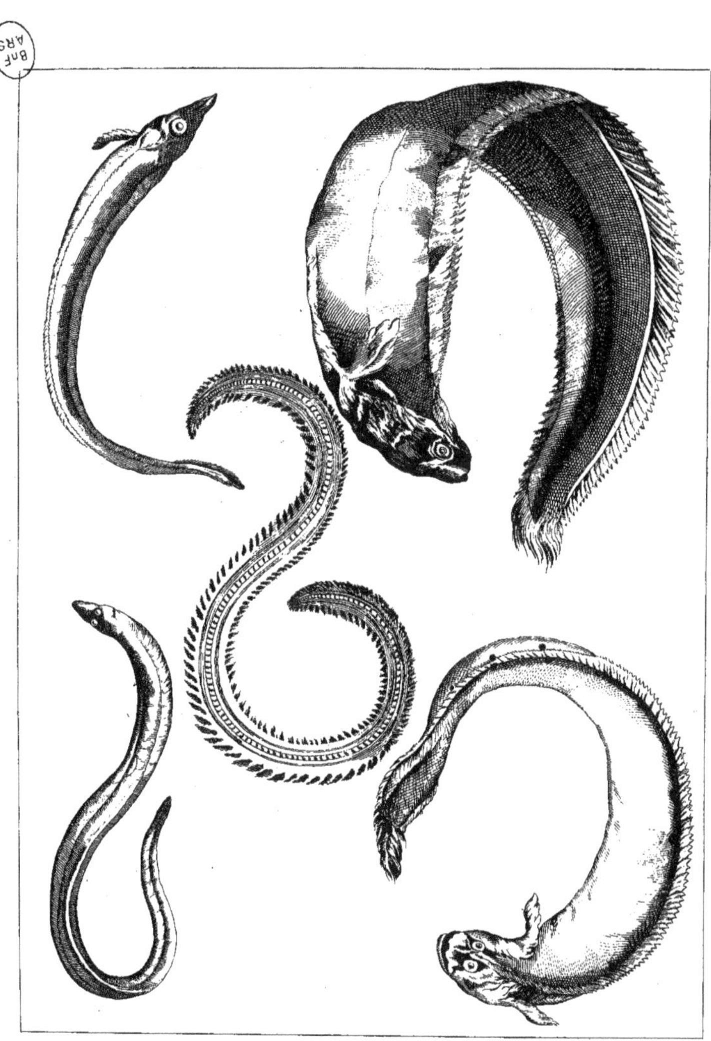

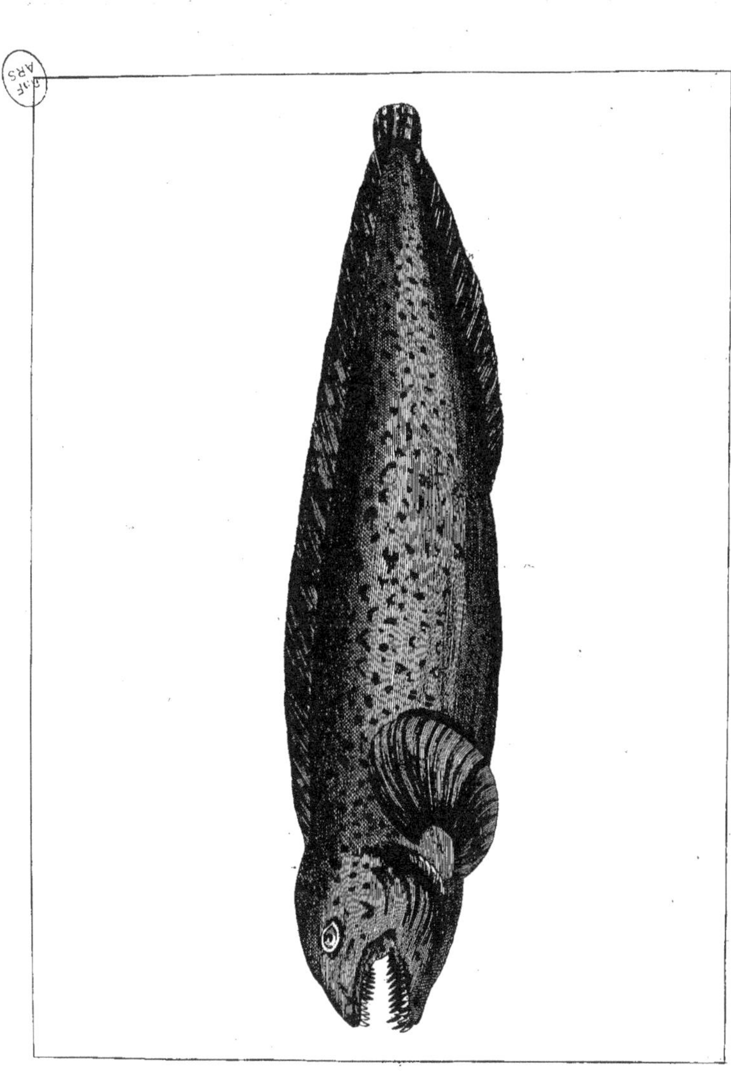

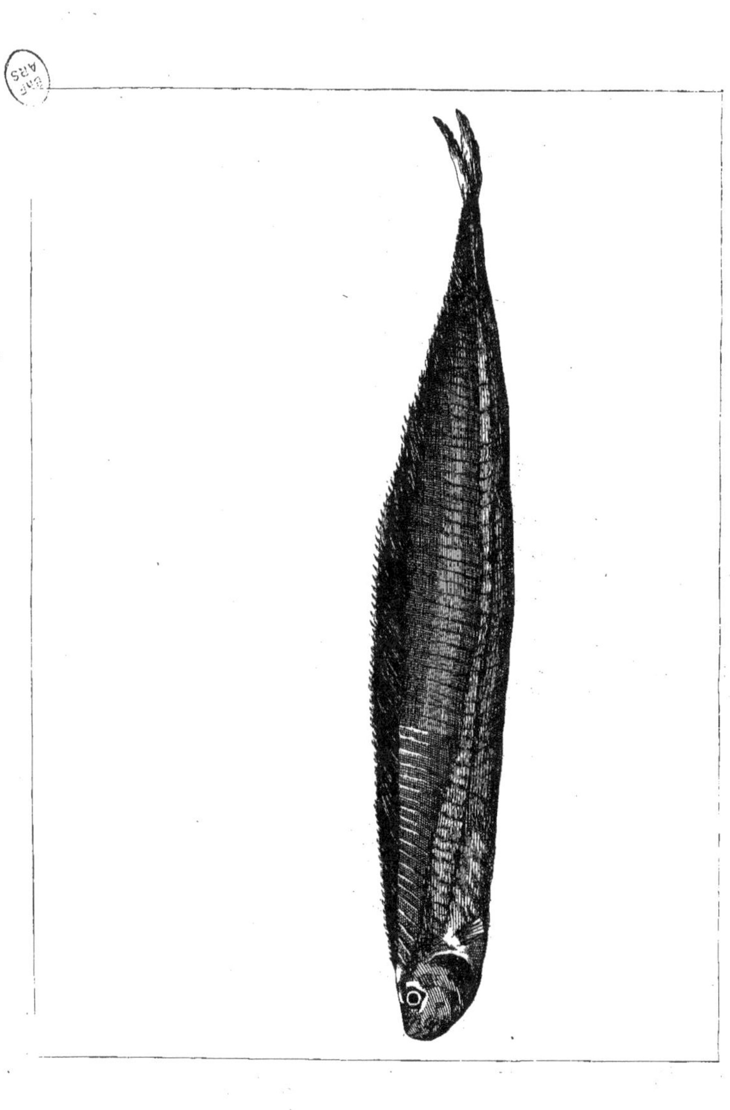

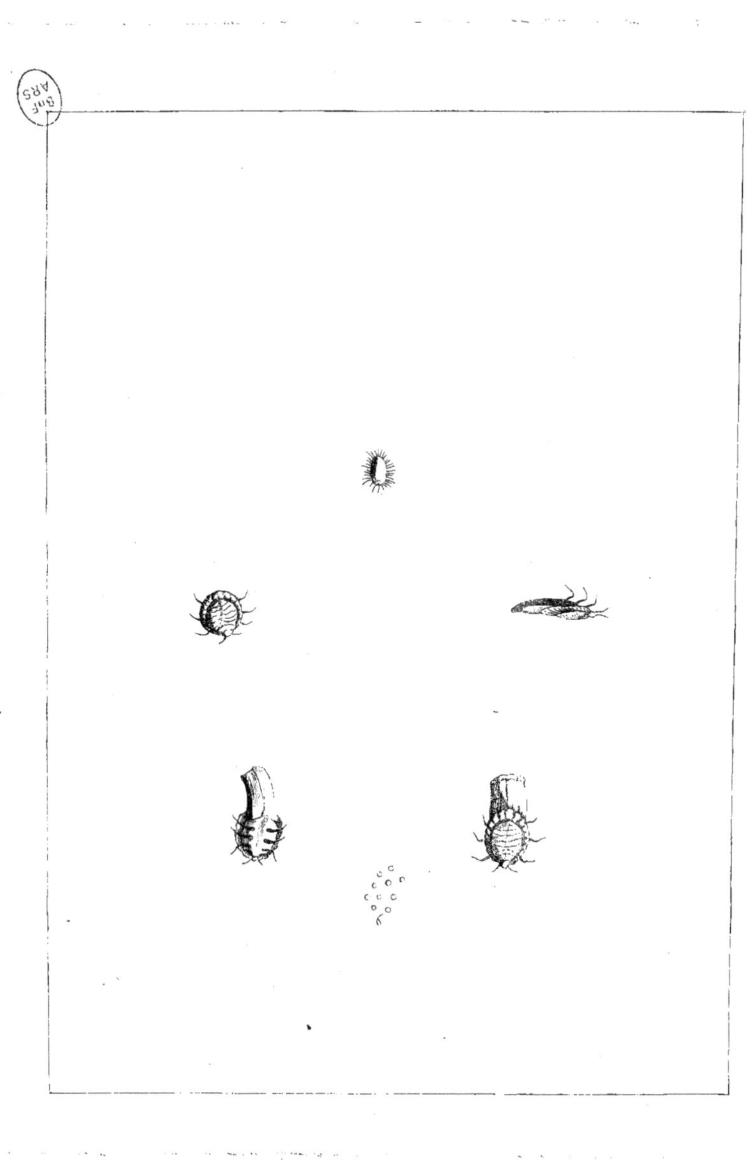

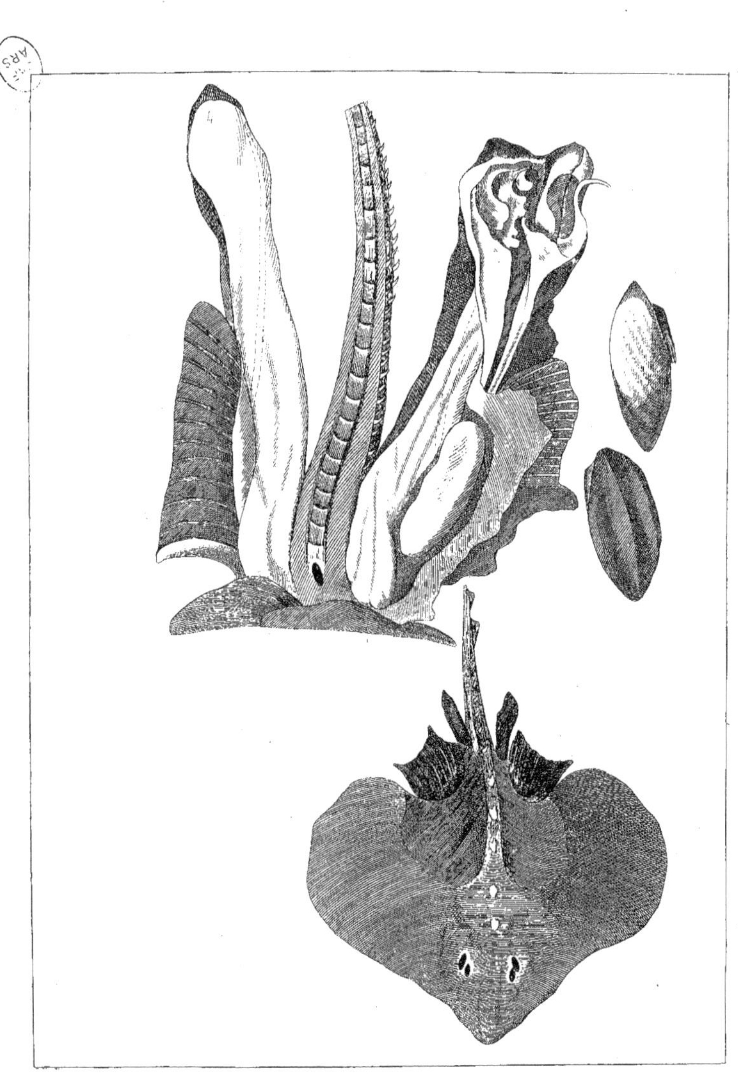

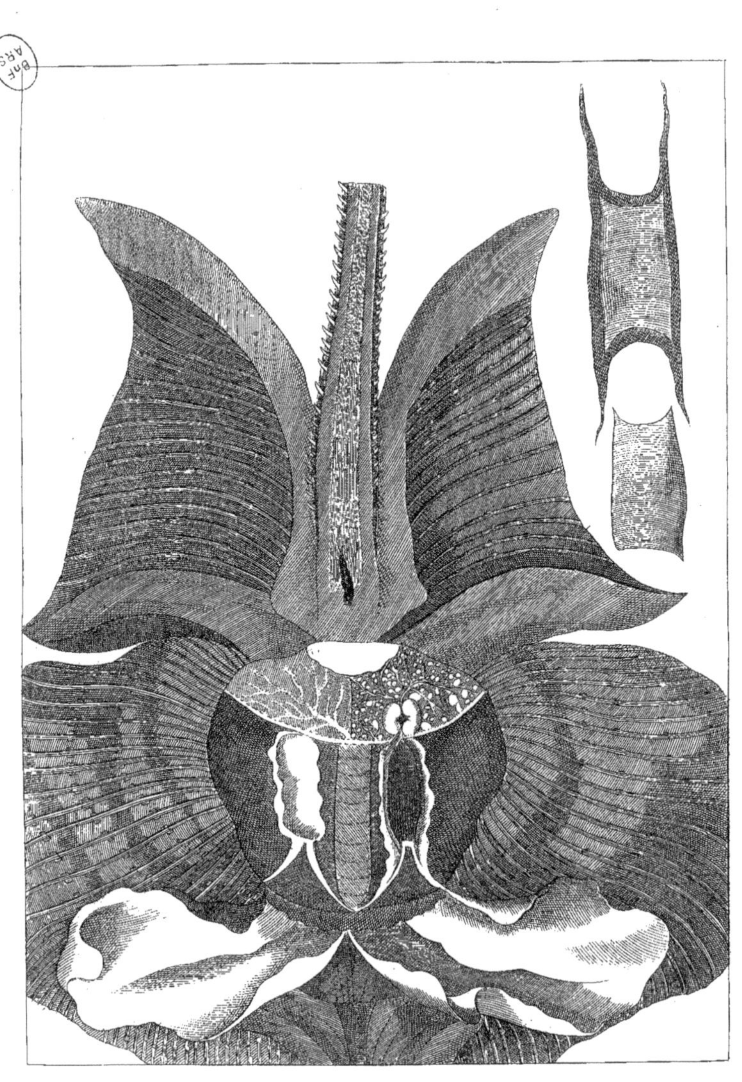